どっちを選ぶ？クイズで学ぶ！

インターネットサバイバル

全3巻 内容説明

1 インターネット

- 百科事典サイトを見つけた！当然正しいことが書かれているよね？
- 宿題に役立ちそうなサイトを発見！文章をそのまま写してもいい？
- コンピューターウイルスってよく聞くけど、感染するとどうなるの？
- 動画の再生ボタンをクリックしたら、お金を請求された！ どうする？　など

2 SNS・メール

- SNSの投稿で書きこんではダメなことってあるの？
- 撮った写真をSNSに投稿したい！アップしちゃいけないのは？
- 大好きなアーティストの写真。応援になるし、アップしていいよね？
- 友だちにメッセージを送ろう！やってはいけないことって？　など

3 ゲーム・音楽・動画

- 無料ダウンロードできるオンラインゲームがある！ でも本当に無料なの？
- アカウントを貸したらレベル上げをしてくれるって！ お願いしてもいい？
- 好きな曲をスマホで聴きたい！どの音楽アプリからダウンロードしよう？
- みんなに見せたいテレビ番組。録画して動画サイトにアップしてもいい？　など

どっちを選ぶ?クイズで学ぶ!

インターネットサバイバル

SNS・メール

2

監修 鈴木朋子
(スマホ安全アドバイザー)
イラスト 沼田光太郎

日本図書センター

調べものをしたり、SNS（ソーシャル・ネットワーキング・サービス）で友だちと会話をしたり、ゲームや音楽を楽しんだり……。インターネットは、楽しくて便利なもの。みなさんのなかにも、利用している人がたくさんいると思います。

でも、じつはネットには、とてもこわい面もあります。注意して利用しないと、まわりに迷惑をかけてしまうことや、犯罪に巻きこまれてしまうことだってあるのです。

この本に登場する２人の主人公にも、個人情報の流出、著作権や肖像権の問題、そしてだまされやすいフィッシング詐欺など……、さまざまな危険がせまります。はたして２人は危険から自分を守れるでしょうか？　なにが正しいのか、どんな行動をとればいいのか、みなさんも２人といっしょにクイズに答えながら、考えてみてください。

この本を読んで、ネットの正しい知識や使い方を知っておけば、自分を守れるだけでなく、まわりの人たちに迷惑をかけない行動だってできます。ネットはとても便利なもの。こわいからといって遠ざけてしまうのは、もったいないことです。この本をトラブル対策に役立てて、楽しんでください。

スマホ安全アドバイザー　鈴木朋子

＊SNSの多くは13歳未満の登録を禁止しています。しかし、実際に利用している子どもが多い実情を考慮して、本書ではとりあげています。

この本の見方

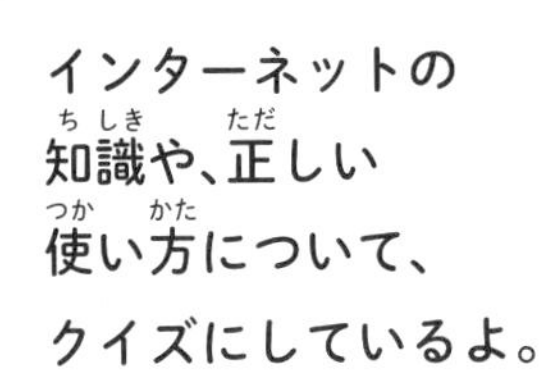

インターネットの知識や、正しい使い方について、クイズにしているよ。

問題のむずかしさを3段階で表示しているよ。

問題の答えをイラストとともに紹介するよ。

問題 1 人とつながるSNS。どんな人たちとつながることができるの？

むずかしさ★★★

A 日本中の人たち

B 世界中の人たち

世界中の人たち

世界中の人とふれ合えるSNS

SNSとは、インターネット上に文章や写真、動画を投稿して、自分や身のまわりのことなどを世界中に発信できるサービスのこと。世界中の人たちの投稿も見ることができるよ。だから、世界中から自分の好きな情報を集めたり、たくさんの人たちとメッセージのやりとりもできたりするんだよ。

いろいろな人とふれあえるSNSだけど、会ったことのない人とも接することになるから、注意すべきことも多いんだ。

ふだんは会えない人ともやりとりできるのが魅力！

クイズ深掘り！

Twitter → 短文を投稿
LINE → メッセージのやりとり
Instagram → 写真や動画の投稿
TikTok → 動画を投稿

代表的なSNSって？

日本でよく利用されているのは、短文を投稿するTwitter、メッセージのやりとりができるLINE、写真や動画を投稿できるInstagram、短い動画を撮影・加工して投稿できるTikTokなど。「おなじ趣味の友だちがほしい」「楽しい動画を観たい」など、やりたいことに合わせて選べるよ。

10　11

問題の選択肢だよ。どちらが正しいか自分で考えてみよう。

答えについてくわしく説明しているよ。

問題に関係することがらを紹介するコラムだよ。

ミク

この本の主人公のひとり。SNSが気になるおしゃべり好きの女の子。

ケンジ

この本の主人公のひとり。パソコンを使ってSNSを始めようとしている。

サバイバルマスター

インターネットを知りつくしたアドバイザー。

もくじ

20時には
やめよう！

プロローグ SNSってなんだろう？

いいなぁスマホ！
写真や動画を撮ったり
見たりして楽しそう！
映えぇ～
わたしもやってみたい…
パァアアァ…

でも撮った写真って
どうやって人に
見せるんだろう？
Instagramとか
TikTokとか
聞いたことは
あるけど
フフフ…
それはね

SNSにアップするんだよ
キラーン
ケンジ!!

SNSって？
「ソーシャル・ネットワーキング・
サービス」の略で文章・写真・
動画をインターネット上に
発信できるサービスさ！
InstagramやTikTokもSNSだよ！
スマホのほか、パソコンや
タブレットでもできるんだ！
スマホ
パソコン
タブレット

ぼくもやったことないけど
ママのパソコンを借りてやってみようと思うんだ！

ねぇパパ、ママ、お願い！
やっぱりスマホがほしいの
まだ早くないかしら

お願い！世界一かっこいいパパ…！
SNSでみんなとおしゃべりしたいの
うるるっ
よし！買おう！
パパ！

しかたないわねぇ…
ちゃんとルールを守って使うのよ
しゃー!!

ありがとうございました！
大事にするんだよ
スマホ
ハイ

よし！じゃあはじめてのスマホ写真はパパを撮ってもらおうかな！
カッコよく撮ってくれよ…
サッ

さっ、早く家に帰ってSNSを始めなきゃ！
そんな…

問題 1 人とつながるSNS。どんな人たちとつながることができるの？

世界中の人たち

世界中の人とふれ合えるSNS

SNSとは、インターネット上に文章や写真、動画を投稿して、自分や身のまわりのことなどを世界中に発信できるサービスのこと。世界中の人たちの投稿も見ることができるよ。だから、世界中から自分の好きな情報を集めたり、たくさんの人たちとメッセージのやりとりもできたりするんだよ。

いろいろな人とふれ合えるSNSだけど、会ったことのない人とも接することになるから、注意すべきことも多いんだ。

ふだんは会えない人ともやりとりできるのが魅力!

クイズ深掘り!

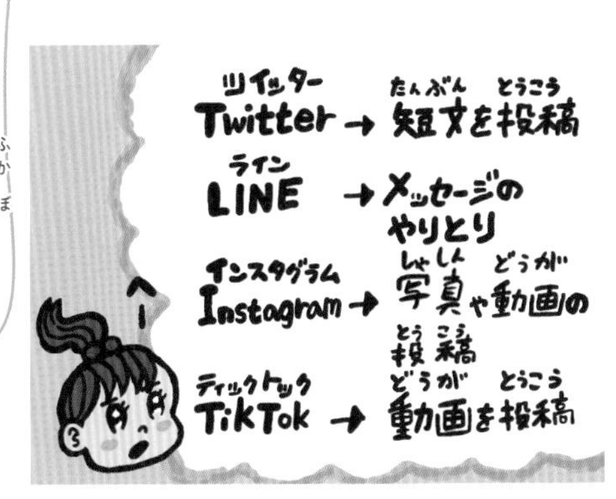

代表的なSNSって?

日本でよく利用されているのは、短文を投稿するTwitter、メッセージのやりとりができるLINE、写真や動画を投稿できるInstagram、短い動画を撮影・加工して投稿できるTikTokなど。「おなじ趣味の友だちがほしい」「楽しい動画を観たい」など、やりたいことに合わせて選べるよ。

問題 2 SNSの投稿で書きこんではダメなことってあるの？

むずかしさ★★★

自分の名前や住所

×名前 ×年齢 ×住所
×性別 ×電話番号
×メールアドレス ×生年月日など

ダメ!

個人情報は絶対に書きこまない

名前や住所、電話番号、生年月日などは個人情報といって、その人だと特定することにつながる大切な情報だよ。だから、個人情報はかんたんに人に教えてはいけないんだ。ほかの人に知られると、事件やトラブルに巻きこまれる可能性が高くなるよ。

SNSに個人情報を書きこんでしまうと、世界中の人がキミにつながる情報を自由に見ることができるようになる。とても危険だから、自分の身を守るためにも絶対にやめよう。

SNSのアカウント登録のときもなるべく本名はさけよう

クイズ深掘り!

個人情報がもれたらどうなる?

個人情報がもれると、大きな犯罪に巻きこまれる場合があるよ。たとえば名前や住所、年齢がばれてしまうと、待ちぶせされて誘拐される可能性もあるんだ。ほかにも、家のお金をねらった泥棒に入られるなど、犯罪のターゲットになりやすくなってしまうよ。

問題3 撮った写真をSNSに投稿したい！アップしちゃいけないのは？

むずかしさ★★★

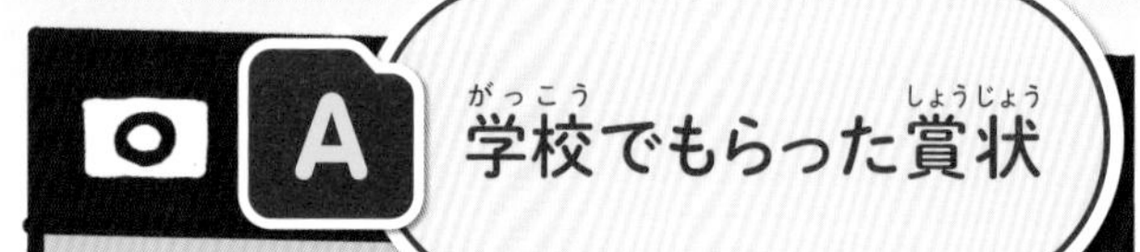

賞状

熱戸ミクどの

あなたはマラソン大会において優秀な成績をおさめましたのでこれを賞します

○○小学校長
○○○○

スロー ビデオ 写真 ポートレイト 風景

うれしい！
みんなに見せたいな

駅前が混んでる！
電車が止まってるのかな？

A～Dからアップしちゃいけないものを3つ選んでね

C 自宅の窓からの風景

D 自宅で育てている植物

答え

A・B・C

学校でもらった賞状、最寄り駅のようす、自宅の窓からの風景

写真から個人情報がばれることも

名前や住所を書きこんでいないからといって、安心はできないよ。投稿した写真に名前や学校名などの個人情報が写りこんでいることもあるからね。また、最寄り駅のようすや、自宅の窓からの景色を写真に撮って投稿すると、写っている駅の看板や建物の名前から、住んでいる地域がばれてしまうことも。

写真を投稿するときには、個人情報につながるものが写っていないか十分に確認しよう。

写真にはたくさんの情報が写るよ！十分注意しよう

クイズ深掘り！

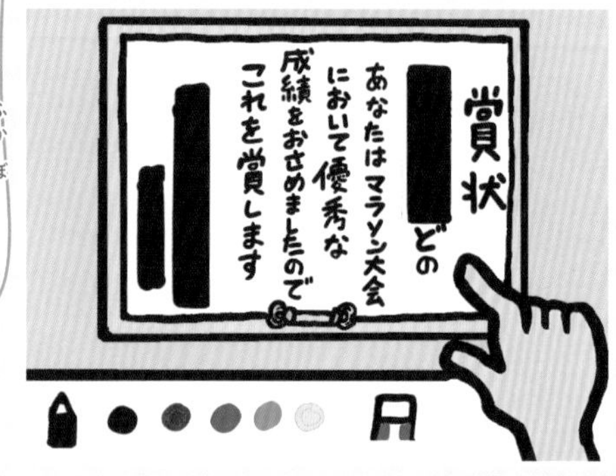

どうしても投稿したいときは写真を加工する

「個人情報が写っているけれど、SNSに投稿したい！」というときは、写真加工アプリなどを使うのがおすすめ。見せたくない部分をぬりつぶしたり、モザイクをかけたりして、大切な情報を守ることができるよ。

SURVIVAL 

どこまでが個人情報？

個人情報とは、「その人を特定することにつながる、いろいろな情報」のこと。名前や住所だけではなく、つい教えてしまいそうななにげない情報も個人情報にあたる場合があるよ。ここではそのうちのいくつかを紹介するね。しっかりおぼえておこう！

これらも全部個人情報！

自分の顔写真

通っている学校

ほかにどんなものが個人情報にあたるか考えてみよう！

学年・クラス

家族の名前

家族の仕事

顔写真はとくに危険！

顔写真が広まると、より犯罪のターゲットになりやすくなるよ。それに世の中には勝手に他人の顔写真をプロフィール画像に使って本人になりすまし、相手をだます悪い人もいるんだ。顔写真はできるだけ、SNSに投稿しないのがおすすめだよ。

問題4 個人情報がもれやすいのはどの順番？

むずかしさ★★★

チラッと映っただけでも危険！

動画には、文章や写真とくらべて、とても多くの情報がつまっているよ。近所で撮影をした場合、一瞬映っただけの電柱から住んでいる場所を割り出されてしまうことだってあるんだ。

また、音が入ってしまうのも動画ならではの注意点。たとえば、自宅で撮った動画の投稿に激しい雷雨の音が入っていたから、お天気アプリで調べられ、住んでいる地域がばれてしまった……、なんてことも。だから動画にはとくに注意が必要なんだ。

クイズ深掘り！

近所の景色が映りこまない場所で

できるだけ自分は映らない

ゴルフ

スーパー

動画を投稿するときの注意点

投稿する動画を撮るときは、住んでいる場所がわかる情報が映らないようにしよう。近所の景色はもちろん、届いたハガキなどにも注意が必要。外の音がなるべく入らないようにすると、より安心だよ。さらに、自分が映らないようにすることも大事なポイントなんだ。

問題5 大好きなアーティストの写真。応援になるし、アップしていいよね？

むずかしさ★★★

肖像権や著作権を守ろう

テレビ番組や映画などを写真や動画に撮ってアップすると、肖像権と著作権をおかすことになるよ。肖像権とは「本人に断りなく、そのすがたを撮影されたり公開されたりしない権利」のこと。また、著作権とは「作品を勝手に使われない権利」のことだよ。テレビ番組や映画には、そこに映った人に肖像権があるし、それを制作した人や会社に著作権があるんだ。これらの権利をおかすと逮捕されたり、うったえられたりすることもあるよ。

応援のつもりがかえってアーティストを苦しめてしまうよ

クイズ深掘り！

キャラクターの画像にも注意

世の中には、いろいろなキャラクターがいるよね。そんなキャラクターの画像を勝手にアップするのもいけないよ。キャラクターも作品の1つ。つくり出した人に著作権があるんだ。画像をアップするのはもちろん、許可をもらわずにプロフィール画像として使うのもやめよう。

問題 6

友だちといっしょに撮った写真。よく撮れているからアップしていい？

むずかしさ ★★★

A 友だちならアップしてもOK

B 友だちでもアップしてはダメ

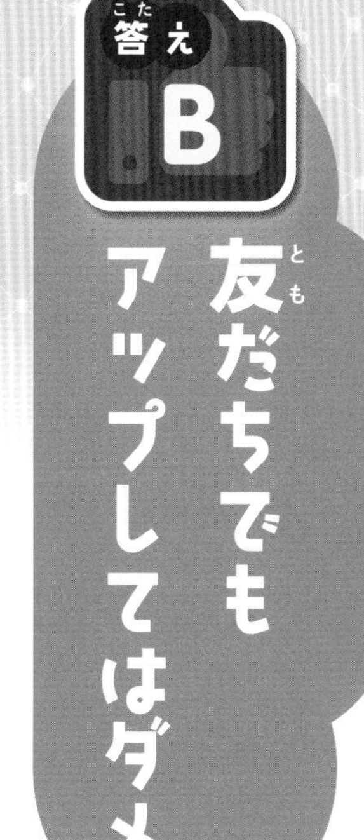

答え B 友だちでもアップしてはダメ

肖像権はだれにでもある

肖像権は有名人だけではなく、だれもがもっている権利。だから、友だちであっても勝手に写真をアップしてはいけないんだ。もし、友だちが写っている写真を投稿したい場合は「SNSにアップしてもいい？」と声をかけて、OKをもらってからにしてね。もし友だちがイヤといったら、むりに投稿してはいけないよ。

トラブルをさけるためにも、その写真を本当にアップしてもいいか、よく考えてから投稿するようにしよう。

相手への思いやりをもって投稿するのが大事！

クイズ深掘り！

写りこんだ人にも注意

写真を投稿するとき、友だちの許可のほかに確認しておくことがあるよ。自分や友だち以外の人が写りこんでいないかな？　その人にも、もちろん肖像権があるよ。もしほかの人が写った写真を投稿したい場合は、その人の顔がわからないようにモザイクなどの加工をしてからにしよう。

問題7 店員の態度が最悪！悪いウワサを流してもいいよね？

むずかしさ★★★

A 店の信用にキズをつけるのでダメ

B 店が悪いので流してもよい

店の信用にキズをつけるのでダメ

場合によっては犯罪になることも

お店でイヤな思いをしたからといって、必要以上に悪いウワサを流すのは絶対にダメ。場合によっては、そのお店の名誉にキズをつけたと判断されて、名誉毀損や侮辱罪という犯罪になってしまうこともあるんだ。

名誉毀損や侮辱罪になるのは、お店に限ったことではないよ。人に対する悪口やウソ、ウワサを投稿することで犯罪になることがあるんだ。カッとなった勢いで投稿しないよう注意しよう。

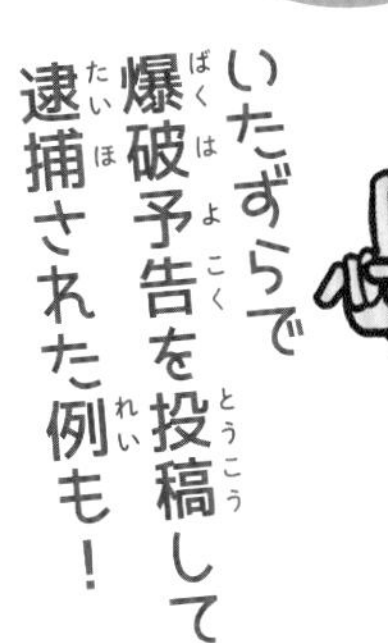

クイズ深掘り!

正しい批判ならしてもいい?

悪いことをしている人を見かけたら、注意するのは大切なことだよね。だけど、SNSで批判するのはやめよう。本人に見つかって逆うらみをされてしまうこともあるよ。こんなときは撮影したりSNSにアップしたりするのではなく、おとなや警察に相談するようにしよう。

問題 8

SNSに書きこむとき、本名を使わなければ自分だとばれない？

むずかしさ★★★

名前を明かしていなくてもばれる

SNSのアカウント登録は、本名を使わなくてもいいものが多いよ。「それなら悪口を書いても自分だとばれないんじゃない？」なんて思うかもしれないね。でも、それはまちがいなんだ。

じつはインターネット上には、その人がアクセスしたサイトや使ったサービスが記録される「ログ」というしくみがあるよ。だから、本名を使ってないSNSの書きこみでも、ログを調べれば書いた人を特定することができるんだ。

クイズ深掘り！

匿名の掲示板でもばれる

ネット上にはネット掲示板というサービスもあるよ。この掲示板は、ほとんどの投稿者が本名をかくす匿名で書きこむんだ。匿名だから、本音を書きこみやすいのがメリットだけど、悪口やウソはもちろんダメ。ネット上ではログをたどれば書きこんだ人がわかることをわすれないようにね。

問題9 友だちにメッセージを送ろう！やってはいけないことって？

A～Dからやってはいけないことを選んでね
A
しょうくん
知ってる？ケンジ今日のテスト 20点だったらしいよ
19:50
C
友だちのひみつを送る
そうたくん
ねぇねぇきいて！
19:40
きいてってば
19:42
おーい
19:44
きいてー！
D
返事がないから連続して送る

夜おそくに送る、友だちのひみつを送る、返事がないから連続して送る

思いやりをもってやりとりしよう

SNSを使ったメッセージのやりとりも、実際の会話とおなじように相手への思いやりが大事だよ。メッセージが夜おそくに届いたり、何度も続けて送られてきたりしたら、迷惑だよね。相手がイヤがることはやめよう。それに、友だちのひみつを送るのもダメ。かんたんにメッセージが送れるSNSでは、つい軽い気もちで人をからかうようなメッセージを送ってしまいがちだけど、友だちとの信頼関係がくずれるかもしれないよ。

相手が寝ている時間やごはんの時間はさけて送ろう!

クイズ深掘り!

通話とメッセージを使い分けよう

メッセージのいいところは、相手が好きなときに読めること。だけど、通話にくらべて気もちが伝わりにくいから、注意しないと誤解を生むことがあるよ。通話は気もちが伝わりやすいけれど、相手に時間をとらせることになるし、タイミングによっては通話できないこともあるんだ。

SURVIVAL  COLUMN

誤解させないメッセージを送ろう

SNSやメールでのメッセージのやりとりは、とても便利だよね。でもそのいっぽうで、直接会って話すより、誤解を生みやすい面もあるよ。ここでは「そんなつもりじゃなかったのに……」と、後悔しないためのポイントを紹介するね。

会って話すときと、どうちがう？

ことばだけでなく表情や身ぶりで気もちが伝わっているね！

顔が見えないから、うまく気もちが伝わらないみたいだね。

トラブルをさけるには？

わかりやすいことばを使う

日曜日にあそぼうよ
うん！あそぼう！たのしみ☆
MiKU

「いいよ」「うん」だけではなく、「あそぼう」「いきたい」など、ていねいに返信すると誤解されにくいよ。

最後によく読み返す

「早く返信しよう」とあせると、まちがった文を送りがち。送信ボタンをおす前に読み直すクセをつけよう。

送信先を確認する

うっかりちがう人に返信してしまうのもトラブルのもと。送る前にはかならず送信先を確認しよう。

問題(もんだい) 10 アイドルからメッセージ！ べつのサイトで話(はな)したいから登録(とうろく)してって！

むずかしさ★★★

なりすましは無視しよう

他人の写真をプロフィール画像に使い、それらしいメッセージを送る……。直接会わずにコミュニケーションがとれるSNSは、こんなふうに自分以外の人になりすますことができるんだ。

アイドルの名前で届くメッセージは、すべて詐欺目的のにせもの。指定されたサイトに登録すると、高いお金を請求されることもあるよ。「もしかしたら本物かも……」なんてことは絶対にないから、返事はせずに無視しよう。

男性が女性、女性が男性のふりをしていることも

クイズ深掘り!

賞金やプレゼント当選のメッセージにも注意

アイドルのなりすましだけではなく、「賞金が当たりました」などのメッセージがとつぜん届くことも。もちろんこれも詐欺だよ。返信すると「受け取るには手数料が必要」など、お金をだましとられてしまう可能性が高いから注意しよう。

問題11 ショッピングサイトから緊急メール！ ログインしたほうがいいの？

フィッシング詐欺の可能性が高い

実際にあるお店や銀行のふりをして、にせもののサイトにさそいこみ、身分を証明するIDやパスワードなどを盗むこと、これをフィッシング詐欺というよ。にせサイトで入力したIDやパスワード、クレジットカードの番号などの重要な個人情報は、悪い人たちに送信され、盗まれてしまうんだ。このようなメールのURLはにせサイトのものだから、ログインしてはダメ。正しいURLからログインして問題ないことを確認しよう。

「緊急」「重要」など
つい、だまされる件名に
なっていることが多いよ

クイズ深掘り!

こんなフィッシング詐欺も

フィッシング詐欺の手口はとても巧妙。「アカウントがのっとられたので、すぐ対応を」といったメッセージや、「荷物の再配達設定をしてください」など、おとなでもうっかりだまされてしまうものが多いんだ。だけど、あわてたら相手の思うツボ。きちんと確認して対応しよう。

問題12 友だちの友だちから「友だち申請」が届いた。つながっていいのかな？

むずかしさ★★★

リンさんから友だち申請がありました

共通の友だち

ひなちゃん

ひなちゃんの友だち？

A つながってもいい

リンさんと友だちになりました

B つながってはダメ

友だち申請を削除しました

SNSの「友だち」は友だちとは限らない

SNSによっては「友だち申請」というしくみがあるよ。相手からの申請を受け入れて「友だち」になると、その相手とメッセージのやりとりなどができるようになるんだ。でも、この「友だち申請」は会ったことのない人にだってできる。つまり、SNS上での「友だち」は、実際の友だちではない可能性だってあるんだよ。個人情報がもれやすいSNSだからこそ、自分の情報を守るためにも、友だち申請の受け入れは慎重に判断しよう。

クイズ深掘り!

SNSの設定にも注意しよう

SNSのなかにはスマホに登録されている電話番号やメールアドレスから、自動的に「友だち」登録されてしまうものもあるよ。すると自分の情報が、気づかないうちにもれてしまっていることもあるんだ。SNSの「友だち」の自動登録機能をオフに設定すれば、トラブルを未然に防げるよ。

問題13 SNSで知り合った人に会いたいっていわれた！ どうしよう？

むずかしさ★★★

ミクちゃんに会ってみたいな
今度の土曜日に会えない？

A 絶対に会ってはダメ

B 人が多い場所なら会ってもOK

SNSで知り合った人に会うのは絶対ダメ

「SNSで知り合った人がとってもやさしい！　やりとりしているうちに会ってみたくなった！」なんてこともあるかもしれないね。だけど、じつは悪い人かもしれないし、相手のプロフィール画像や名前、年齢や性別がすべてウソの可能性もあるんだ。

会ってしまうと、「思っていた人とちがった！」というだけではなく、お金をおどしとられるなどの大きなトラブルに巻きこまれてしまうこともある。だから、会うのは絶対にやめよう。

子どもはとくに犯罪者にねらわれやすいよ

クイズ深掘り！

誘拐など深刻な犯罪も

女の子がSNSで知り合った男に会いにいったら、誘拐されてしまったといった事件が実際におきているよ。それに殺人など、よりこわい事件につながる可能性もあるんだ。SNSのやりとりだけで、相手のことを知ったつもりになるのは、とても危険だよ。

問題 14

「拡散希望」と書かれた投稿。協力したほうがいいのかな？

むずかしさ★★★

よく考えて協力するか決める

協力したことが裏目に出る場合も

SNSではイベントなどの宣伝、ペットの迷子情報などが投稿されることもあるよ。このような投稿には、「情報を広げてほしい」という意味で「拡散希望」と書かれていることがあるんだ。

なかにはこれを悪用する人もいる。たとえばストーカーが身をかくしている相手をさがすために、「この人をさがしています」と拡散希望で投稿することも。こまっている人に協力したくて情報を広げた結果、悪い人の手助けをしてしまうこともあるんだ。

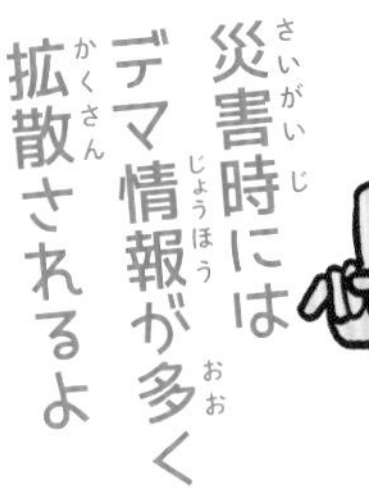

クイズ深掘り！

リツイートも十分考えてしよう

リツイートは他人の投稿をそのまま自分も投稿するTwitterでの拡散方法。ボタン1つでできるから、軽い気もちで使いがちだけど、もしデマや悪口などを拡散してしまうと、投稿者だけでなく、拡散した人も罪に問われることがあるよ。SNSの情報は、よく調べてから拡散するか決めよう。

問題15

投稿にイヤなコメントをされた…。どうすればいい？

むずかしさ★★★

スクリーンショットで証拠を残す

いざというときのために証拠を残そう

SNSでイヤなコメントをされたら、すぐに削除したくなるよね。だけど、それはちょっと待って！　場合によっては、警察に相談することになるかもしれないよ。だから、証拠を残すために画面を保存するスクリーンショットを撮っておこう。

コメントでいやがらせをされたときは、まずはおとなに相談。ひどい場合は、サイトの管理者に通報することで相手のアカウントを使えないようにしてもらうこともできるよ。

クイズ深掘り！

コメントを受けつけない設定にできる場合も

SNSによっては、投稿にコメントできないように設定できるものもあるよ。なかには、アカウントを変えてしつこくコメントをくり返す人もいる。コメントを受けつけない設定にすることで、こうした人のいやがらせを防げるんだ。

問題16 友だち限定のグループチャット。これって、もしかしていじめ？

むずかしさ★★★

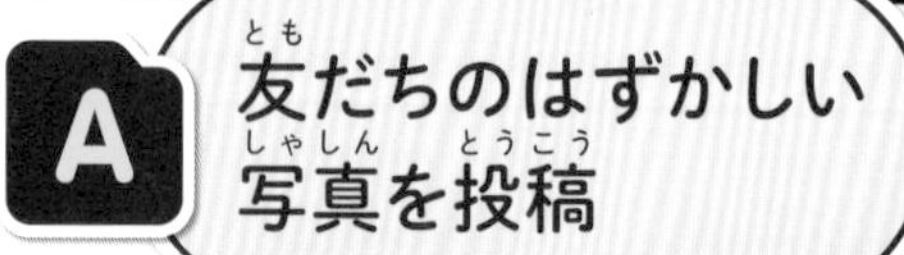

B グループにいない友だちのウワサ

A～Dからいじめになるものを選んでね

D 自分のかっこいい写真を投稿

C 特定の友だちのコメントだけ無視

A・B・C

友だちのはずかしい写真を投稿、グループにいない友だちのウワサ、特定の友だちのコメントだけ無視

SNSいじめが大きな問題に

SNSを使えば、友だちとのコミュニケーションを今までより気軽に楽しめるようになるよね。そのいっぽうで、SNSによるいじめも増えてきているんだ。特定の友だちを無視するのはもちろん、軽い気もちで人のはずかしい写真を投稿したり、グループにいない友だちのウワサ話をしたりするのはやめよう。SNSはかんたんにやりとりができる分、いつのまにか深刻ないじめに発展していた、なんてことがおこる場合もあるんだ。

自分がされたらイヤなことはしちゃダメ！

クイズ深掘り！

数人だけのやりとりが広まることも

「友だち限定グループだからだいじょうぶ！」と、だれかのウワサ話を送り合っていないかな？もしグループのひとりがほかのグループでその話をしてしまったら、大勢の人に知られるかもしれないよ。ネット上のウワサ話はかんたんに広がってしまうものなんだ。

SURVIVAL  COLUMN

さまざまなSNSいじめ

こんなSNSいじめも

特定の友だちだけグループからはずす

友だちになりすまして悪口を投稿

むりやり「いいね」やコメントをさせる

ゲームのアイテムなどを要求する

「SNSいじめかも……」と思ったら

まずはおとなに相談しよう

SNSいじめを見かけたり、自分がSNSいじめにあってしまったりした場合は、家族や学校の先生など、話しやすいおとなに相談しよう。大事なのはひとりでなやまないこと。おとなの力を借りて解決を目指そう。

問題 17

SNSで友だちに返事をするのがつらい…。どうすればいい？

むずかしさ★★★

しばらくSNSをやめる

無理にやりとりを続けなくてOK

SNSは、いつでもかんたんにやりとりできるのが魅力。だけど、そのせいで友だちからメッセージが届き続けてうんざり……なんて状態になってしまうことも。こんなふうにSNSによるコミュニケーションに疲れてしまった状態を「SNS疲れ」というよ。

SNS疲れを防ぐには、「スマホは20時まで」など、ルールを決めて使うことが大事。友だちにも「家のルールで20時までと決まっているから」と伝えておけば、理解してもらいやすいよ。

クイズ深掘り！

SNS疲れになりやすい人って?

「メッセージにはすぐに返信しなきゃ！」と思うまじめな人は要注意。相手を思いやるばかりに、プレッシャーを抱えやすいんだ。ほかにも、「あの子より『いいね』が少ない……」など、ほかの人と自分をくらべて落ちこんでしまうタイプの人も、SNS疲れをおこしやすいよ。

エピローグ SNSはもうやめた？

気づいたらずっとSNSばかりでみんなともあそばなくなって…
だから最近公園に来なかったのかー

SNSも楽しいけどやっぱり会って話すのってやっぱり大事だなぁって…

じゃあもうSNSはやめちゃうの?
ううん! これからは時間と回数を決めて続けていくよ
ピコン♪
あれ?
ミクいつもいろいろはなしきいてくれてありがとう ママといっしょにクッキーやいたからあしたもってくね
MIKU
じ〜ん
ニコニコ

じょうずなSNSの使い方

SNSは、文章や写真、動画などを発信したり、友だちどうしでメッセージのやりとりをしたりできる便利なサービス。じょうずに利用すれば、友だちともっとなかよくなれたり、趣味が深まったりと、どんどん楽しみが広がっていくよ！

SNSでできること

たくさんの人と交流できる

自分のことを発信できる

好きなものの情報が得られる

遠くにいる人と交流したり、なかなか知ることができない情報にふれたりと、さまざまなことができるよ！

知ってると役立つ！ 勉強にも役立つSNS

SNSは趣味やあそびだけでなく、勉強に役立てることもできるよ。勉強仲間をつくって、みんなで勉強法をくふうしたり、成果を報告したりすることで、やる気もアップするんだ。

効率的な勉強法を知ることができる

役に立つ勉強法やノートのとりかたなどを調べて、効率的に勉強ができる。

塾のような授業を受けられる

プロの先生が動画で授業を発信していることも。苦手な分野もくり返し確認できる。

仲間と協力して勉強できる

仲間を見つけて、わからないところを教え合えばモチベーションもアップ！

SNSを使うときの注意点

個人情報は投稿しない

事件に巻きこまれないために、名前などの個人情報は絶対に投稿しないようにしよう。

知らない人に会わない

SNSで知りあった人に会うのは絶対ダメ！ネットでは相手がどんな人かわからないんだ。

著作権や肖像権に注意

投稿するときは著作権や肖像権（20～23ページ）をおかしていないか確認しよう。

炎上に注意

悪口や悪ふざけを投稿するのは炎上のもと。投稿前に一度内容を見直すクセをつけよう。

知ってると役立つ！ SNSには年齢制限がある

じつは多くのSNSには年齢制限があるんだ。だけど、保護者の管理のもとで使うことができるものもあるから、おとなに相談してから始めるようにしてね。

12歳以上

LINE
（機能によっては18歳以上）

13歳以上

TikTok／Facebook／Twitter
Instagram／Youtube※

※ログインに必要なGoogleアカウントが13歳以上

こまったときは専門の窓口へ

「SNSで知りあった人に会おうといわれた」「投稿にイヤなコメントをされた」など、ネットのトラブルでこまったときは、専門の窓口に相談しよう。子ども専用の窓口もあるから、安心して連絡できるよ。

事件に巻きこまれたときはすぐ警察へ！

相談前に準備しよう

1 すぐにおとなに相談する

まずはおとなに相談しよう。「怒られるかも」とないしょにしていると問題が大きくなってしまうよ。

2 トラブルの内容を整理する

被害を受けた日や時間、内容、今の状況を紙に書き出しておこう。スムーズに相談できるよ。

3 証拠になるものを印刷する

不正な請求メールや、イヤな書きこみなどは、すぐに印刷しよう。いざというときの証拠になるよ。

相談窓口一覧

都道府県警察本部サイバー犯罪相談窓口

HP https://www.npa.go.jp/cyber/soudan.html

詐欺や不正な高額請求など、ネット犯罪について相談できる各都道府県警察窓口を紹介。

消費者ホットライン

TEL 188

近くの消費生活相談窓口を紹介。高額請求やネットショッピングでのトラブルの相談ができる。

こどものネット・スマホのトラブル相談！ こたエール

HP https://www.tokyohelpdesk.metro.tokyo.lg.jp

インターネットやスマホでのトラブルでこまっている都内在住、在勤、在学者のための相談窓口。

子どもの人権110番

TEL 0120-007-110

ネットでのいじめや中傷に関する相談ができる。子どもはもちろん、おとなも相談可。

インターネット用語一覧

サイト（ウェブサイト）

ウェブページのまとまりのこと。ウェブページとは情報が書かれたネット上の文書のことで、これを集めてまとめたものをウェブサイトという。

アカウント

ネット上のサービスを利用するための権利のこと。サービスごとに、個人情報などを登録してアカウントをつくる必要がある。

ログイン／ログアウト

SNSなどのネットサービスを使うときに、パスワードなどを入力して、そのアカウントのもち主であることを証明すること。ログインすると、自分用のスペースに入れる。ログアウトはその逆。

SNS

ソーシャル・ネットワーキング・サービス（Social Networking Service）の略。登録している人同士で交流したり、自分の情報を発信したりできるサービス。

投稿

ネット上に、文章や画像、動画などを公開すること。

アプリ（アプリケーション）

パソコンやスマホなどで、メールや通話、音楽・動画再生などをするためのソフト。

アップロード／ダウンロード

アップロードはネット上に文章や画像などのデータを転送すること。アップともいう。逆にネット上のデータを自分のパソコンやスマホにとりこむことをダウンロードという。

オンライン

ネットにパソコンやスマホがつながっている状態のこと。

Wi-Fi

パソコンやスマホを無線でネットにつなぐ技術のこと。

プロフィール画像

SNSなどで自分の投稿やコメントなどにつく画像。アイコンと呼ぶこともある。

スクリーンショット

パソコンやスマホの画面を画像として、データに残す機能。スクリーンキャプチャ、スクショと呼ばれることも。

● 監修者

鈴木 朋子（すずき・ともこ）

ITジャーナリスト・スマホ安全アドバイザー。システムエンジニアとして活躍した後、フリーランスに。SNSやアプリを中心とした記事の執筆を多く手がけるいっぽう、子どもの安全なIT活用をサポートする「スマホ安全アドバイザー」としても活動中。おもな著書に『クイズでわかる 小学生からのネットのルール』（主婦の友社）、『親が知らない子どものスマホ』（日経BP）、『親子で学ぶ スマホとネットを安心に使う本』（技術評論社）など。

● イラスト　沼田光太郎
● ブックデザイン　釣巻デザイン室（釣巻敏康・池田彩）
● DTP　有限会社エムアンドケイ（茂呂田剛・畑山栄美子）
● 編集　小園まさみ
● 企画・編集　株式会社 日本図書センター

※本書で紹介した内容は、
2021年11月時点での情報をもとに制作しています。

NDC007.3
どっちを選ぶ？クイズで学ぶ！
インターネットサバイバル
②SNS・メール
監修・鈴木 朋子
日本図書センター
2022年　56P　23.7cm×18.2cm

どっちを選ぶ？ クイズで学ぶ！

インターネットサバイバル

②SNS・メール

2022年1月25日　初版第1刷発行
2024年8月25日　初版第2刷発行

監修者　鈴木朋子
発行者　高野総太
発行所　株式会社日本図書センター
〒112-0012 東京都文京区大塚3-8-2
電話　営業部　03-3947-9387
出版部　03-3945-6448
HP https://www.nihontosho.co.jp

印刷・製本　TOPPANクロレ株式会社

ISBN978-4-284-00104-5 C8337（第2巻）